superdrago

curso de español para niños

Libro del alumno

2

AUTORES
Carolina Caparrós
Charlie Burnham

ILUSTRADOR
Saeta Hernando

ele
Español Lengua Extranjera

SGEL

Primera edición, 2010
Quinta edición, 2017

Produce: SGEL – Educación
Avda. Valdelaparra, 29
28108 Alcobendas (MADRID)

Edición: Yolanda Prieto
Diseño de cubierta e interior: Thomas Hoermann
Maquetación: MonoComp, S. A.
Ilustraciones: Saeta Hernando
Fotografías: Diego Lezama, Archivo SGEL, Getty Images,
Shutterstock Images LLC

Agradecemos a *La romántica banda local* la autorización
para reproducir un fragmento de una de sus canciones.

Gracias a Naska por su amorosa paciencia, a Álex «Tri» por su ayuda con el color
y a Yolanda y a Javier por su apoyo y confianza

ISBN: 978-84-9778-488-7 (edición internacional)
ISBN: 978-84-9778-603-4 (edición americana)
Depósito legal: M-24412-2010
Printed in Spain – Impreso en España

Impresión: Gómez Aparicio Grupo Gráfico

índice

¡Bienvenido!

1. **Escucha y encuentra.**

1
9
3
2
4
10
8
5

Dragópolis

1. **Escucha, responde y juega.**

2. Escucha y señala.

3. Tira el dado y deletrea.

4. Juega y habla.

	A	B	C	D
1	 Estoy en ________.	 Soy ________.	 Estoy en ________.	 Soy ________.
2	 Soy ________.	 Estoy en ________.	 Soy ________.	 Estoy en ________.
3	 Estoy en ________.	 Soy ________.	 Estoy en ________.	 Soy ________.

un estadio de fútbol   una clase   una jirafa   una niña
un mono   una casa   un gato   un zoo
un parque   un niño   un mercado   un león

5. Recuerda.

Soy → Persona   Ej.: Soy Natalia.

Estoy → Lugar   Ej.: Estoy en el bosque.

6. **Escucha y mira.**

7. Escucha y practica.

La niñera de Iñaki
hace ñoquis con nata.
El niño ñoño Iñaki
hace ñam ñam.

8. Lee y escucha.

Belén vive en una . Tiene un  que se llama Pancho. A Pancho le gusta mucho jugar con la , también le gusta comer  y buscar . El perro de Belén encuentra muchas cosas: encuentra , ,  y . Pancho es un  muy listo.

9. Escucha y señala.

10. Escucha la historia de Superdrago y sus amigos.

Vuelta al colegio

1. Escucha y responde.

2. Relaciona, repite y aprende.

ASIGNATURA	ACCIÓN	OBJETO
Plástica Historia Música Matemáticas Ciencias naturales Educación física Lengua española	1  2  3  4  5  6  7 	Una calculadora Un pincel Una flauta escolar Una pelota Un libro de Superdrago Un globo terráqueo Un microscopio

3. Mira y di la asignatura de Superdrago.

LUNES

9:00-10:30	
10:30-11:00	RECREO
11:00-12:00	
12:00-2:30	COMIDA
2:30-3:30	
3:30-4:30	

MARTES

9:00-10:30	
10:30-11:00	RECREO
11:00-12:00	
12:00-2:30	COMIDA
2:30-4:30	

4. **Busca y encuentra.**

Practica.

● ¿Dónde está Ana?
■ Ana está en el salón de actos.

5. Mira la ilustración del aula. Escucha y señala.

6. Escucha y canta el rap de Lila.

Me gusta el colegio, sí, sí, sí.
Me gusta la maestra, sí, sí, sí.
Me gusta la clase, sí, sí, sí.
Canta rap conmigo, canta rap conmigo.

Me gustan las mates, sí, sí, sí.
Me gusta la plástica, sí, sí, sí.
Educación física es genial.
Canta rap conmigo, canta rap conmigo.

Historia, ciencias, muy bien.
Música es lo mejor.

7. Escucha y di.

El perro rojo de Raquel
corre muy rápido por el barrio
y Raquel coge la correa del perro rojo
y corre detrás.

8. Mira el horario y escucha lo que hace Carlos.

HORARIO	MAÑANA	TARDE
LUNES	MATEMÁTICAS PLÁSTICA EDUCACIÓN FÍSICA	MÚSICA
MARTES	CIENCIAS NATURALES HISTORIA MATEMÁTICAS	EDUCACIÓN FÍSICA
MIÉRCOLES	LENGUA ESPAÑOLA MATEMÁTICAS HISTORIA	PLÁSTICA
JUEVES	CIENCIAS NATURALES MATEMÁTICAS PLÁSTICA	MÚSICA
VIERNES	LENGUA ESPAÑOLA HISTORIA MATEMÁTICAS	EDUCACIÓN FÍSICA

9. Mira el horario y di lo que hacen Ana y Juan.

HORARIO	MAÑANA	TARDE
LUNES	E.F. L.ESP. C.N.	PLÁS.
MARTES	C.N. HIST. MAT.	E.F.
MIÉRCOLES	MAT. PLÁS. E.F.	MÚS.
JUEVES	L.ESP. HIST. MAT.	E.F.
VIERNES	C.N. MAT. PLÁS.	MÚS.

HORARIO	MAÑANA	TARDE
LUNES	E.F. PLÁS. L.ESP.	C.N.
MARTES	C.N. MAT. PLÁS.	MÚS.
MIÉRCOLES	C.N. HIST. MAT.	E.F.
JUEVES	MAT. PLÁS. E.F.	MÚS.
VIERNES	L.ESP. HIST. MAT.	E.F.

10. Escucha la historia de Superdrago y sus amigos.

1. **Juego de memoria.**
Mira el dibujo durante un minuto y después cierra el libro.

2. **Relaciona las frases.**

① 	Hola, soy Ana,	estoy en el parque.	Como tarta.
② 	Hola, soy Juan,	estoy en la cocina de mi casa.	Subo un árbol.
③ 	Hola, soy Carlos,	estoy en el campo de fútbol.	Hago los deberes.
④ 	Hola, soy Superdrago,	estoy en clase de ciencias naturales.	Tengo una pelota blanca y negra.

Haz marionetas de dedo

Material: tijeras y pegamento.
Instrucciones:

1 Busca la ficha de las marionetas en la página 81. Recorta la página por la línea roja.

2 Ahora recorta con cuidado cada una de las marionetas de dedo.

3 Pega las marionetas con pegamento. Ponte los personajes en los dedos.

4 ¡Ahora puedes hacer teatro! Practica los diálogos del libro con las marionetas.

Campeonatos

1. **Mira, escucha y responde.**

2. Mira el patio de recreo. Escucha a Ana.

3. Escucha y señala.

4. Mira y di lo que hacen.

- ☐ Están haciendo una carrera de obstáculos.
- ☐ Están lanzando globos.
- ☐ Están jugando a la rayuela.
- ☐ Está haciendo salto de pértiga.
- ☐ Están jugando al voleibol.
- ☐ Están haciendo una carrera de huevos con cucharas.
- ☐ Está haciendo gimnasia de barra.
- ☐ Están haciendo una carrera de sacos.
- ☐ Está haciendo gimnasia rítmica.
- ☐ Están practicando kárate.

5. **Escucha a Carlos. Completa la tabla.**

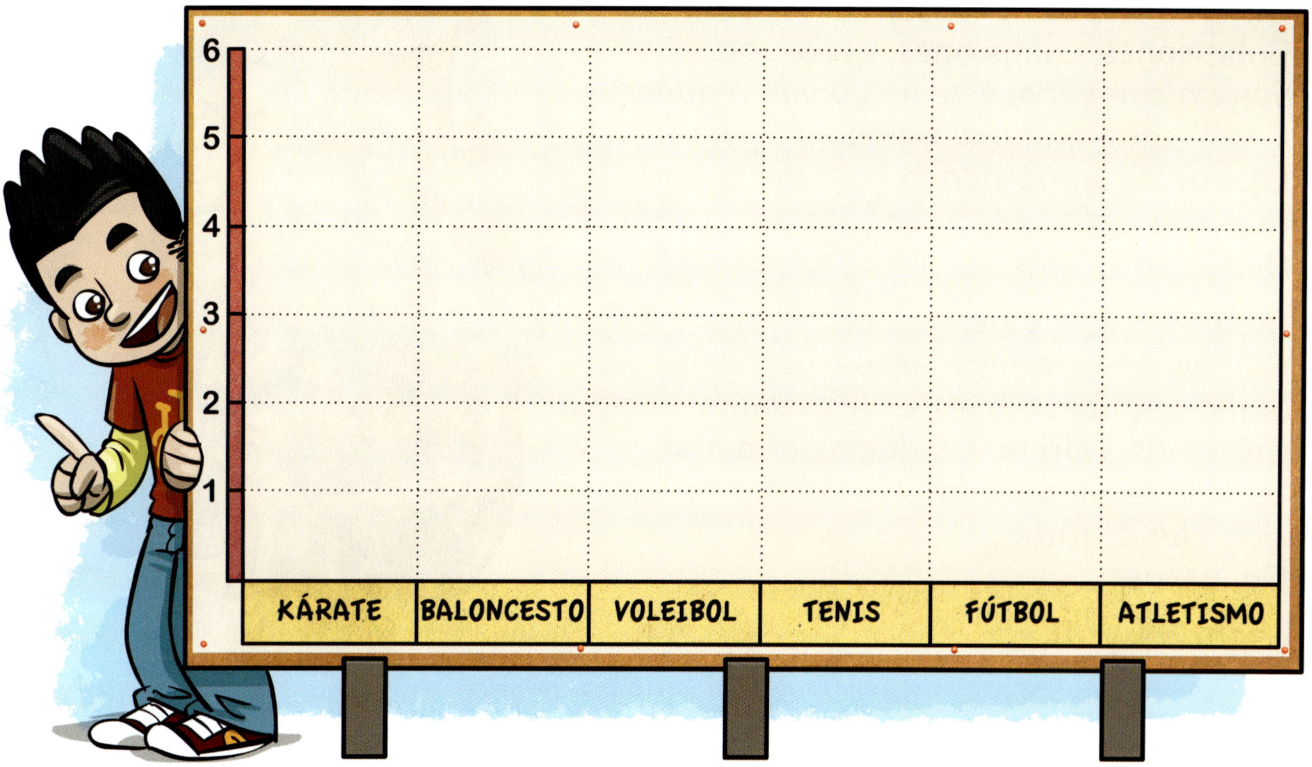

6. **Practica.**

7. Canta con Lila.

Campeones, campeones, oe, oe, oe.
Campeones, campeones, oe, oe, oe.
Soy un campeón, este juego voy a ganar.
Corro, salto y doy al balón.
La vida es un partido.
Hay que disfrutar.
Oe, oe, oe.

Campeones, campeones, oe, oe, oe.
Campeones, campeones, oe, oe, oe.
Somos campeones, este juego vamos a ganar.
Corremos, saltamos y damos al balón.
La vida es un partido.
Hay que disfrutar.
Oe, oe, oe.

8. Escucha y di.

ACENTO

Plástica | Música | Chándal | Camiseta | Ordenador | Campeón

9. Juega al juego loco. Inventa un juego loco con tu pareja y explica las reglas a la clase.

Ej.: Carrera de huevos.

1. Necesitas dos huevos y dos cucharas.

2. Poner la cuchara en la boca y el huevo en la cuchara.

3. El primero en terminar sin dejar caer el huevo gana.

Ahora inventa un juego loco con tu pareja.

10. Escucha la historia de Superdrago y sus amigos.

Los exploradores

1. Mira y escucha.

2. Escucha y habla.
¿Qué necesitamos para explorar?

1

Una linterna

2

Una mochila

3

Botas de campo

4

Una brújula

5

Una chaqueta

6

Un walkie talkie

7

Un casco

8
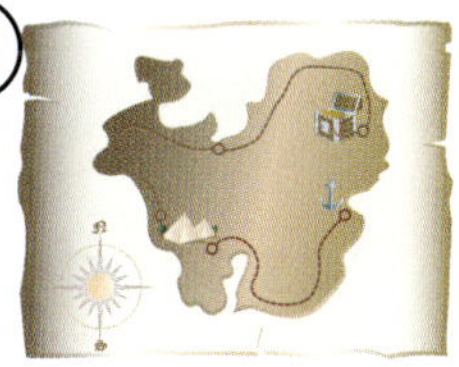
Un mapa

9

Una cámara de fotos

10

Una cantimplora

11

Una cuerda

12

Unas frutas

13

Un cuaderno de campo

para llevar las cosas	para comer	para proteger los pies	para beber
porque hace frío en la cueva	para ver en la oscuridad	para proteger la cabeza	
para encontrar la dirección	para atar y subir	para hacer fotos	para comunicarnos
para escribir y dibujar	para encontrar el camino		

3. Escucha y responde.
La tienda del explorador.

Responde:

¿Qué necesita Ana?

¿Qué quiere Juan?

¿Qué quiere Carlos?

¿Tiene el tendero un casco?

¿Tiene el tendero unos prismáticos?

4. Escucha y relaciona.

Patinar sobre hielo
Nadar
Explorar cuevas
Películas de terror
Jugar al ordenador
Leer libros o revistas
Comer pizza
Comer helado de brécol
Contar hasta cien
Hablar español
Estudiar
Montar a caballo
Contar chistes

emocionante
peligroso
oscuro
rico
asqueroso
terrorífico
interesante
aburrido
divertido
miedo
gracioso

5. Escucha y lee.
Los habitantes de las cuevas.

El murciélago

Los murciélagos son los únicos mamíferos que saben volar. Tienen unas alas muy grandes. Durante el día viven bajo tierra y en cuevas o árboles para protegerse. Salen por la noche a buscar comida. Comen insectos pequeños, pero no atacan a la gente. No son ciegos pero utilizan un sistema especial llamado sónar para cazar en la oscuridad.

La salamandra

Las salamandras son anfibios. Esto significa que viven en el agua y en la tierra. Las salamandras de las cuevas no tienen ojos. No los necesitan porque no hay luz dentro de las cuevas.

Los humanos

Sí, algunos humanos en diferentes partes del mundo viven en cuevas. Son cuevas muy modernas con electricidad y agua. Mantienen la misma temperatura durante todo el año. En invierno son muy cálidas y en verano son muy frescas. Son muy cómodas y ecológicas.

6. Escucha y di.

La lombarda de Lula

Lula lanza una lombarda morada al cielo.
¡Oye! La lombarda de Lula es ahora una luna.
¡Ay, qué bonito! Mira la luna lombarda de Lula.

7. **Escucha y señala.**

8. **Escucha y señala. Fin de semana.**

9. **Practica.**
¿Qué haces el fin de semana con tu familia?

10. Escucha la historia de Superdrago y sus amigos.

1. Gymkhana.

META

Describe a tu mejor amigo	Descríbete a ti mismo	Describe a Superdrago	Describe al profesor
Cuenta hasta 20	Cuenta hasta 20	Di el nombre de 4 deportes	Di el nombre de 3 habitaciones del colegio
Di el nombre de 4 deportes	Di el nombre de 3 habitaciones del colegio	Deletrea el nombre de tu mejor amigo	Di el nombre de 4 asignaturas
Di el nombre de 3 habitaciones del colegio	Di el nombre de 5 objetos del aula	Di el nombre de 4 asignaturas	Di el nombre de 4 deportes
Di el nombre de 4 asignaturas	Di el nombre de 4 deportes	Cuenta hasta 20	Di el nombre de 5 objetos del aula
Di el nombre de 5 objetos del aula	Deletrea el nombre de tu mejor amigo	Di el nombre de 3 habitaciones del colegio	Cuenta hasta 20
Deletrea el nombre de tu profesor	Di el nombre de 4 asignaturas	Di el nombre de 5 objetos del aula	Deletrea el nombre de tu mejor amigo

SALIDA

Haz un monstruoscopio

Material: *tijeras y pegamento.*

Instrucciones:

1. Busca la ficha del monstruoscopio en la página 83. Recorta la página por la línea roja.

2. Ahora recorta con cuidado el monstruoscopio.

3. Pega las partes grises y dobla por la línea. ¡Ya tienes tu monstruoscopio!

4. Describe tu monstruo a tu compañero.

Museo de Ciencias

1. Mira y escucha.

2. Escucha y encuentra.

3. Observa y encuentra.

4. **Lee.**

ANIMALES EN PELIGRO

Sabemos que muchos animales están en peligro de extinción, como las ballenas, pero también hay otros que no son tan conocidos.

El lince ibérico

El lince ibérico es un gato grande que vive en España y Portugal. Son animales nocturnos. Esto significa que cazan por la noche y duermen de día. En invierno pueden estar despiertos las veinticuatro horas del día. Están en peligro de extinción por la falta de espacios para vivir.

El águila imperial

Es un ave grande y hermosa. Son muy buenos padres. Cuando van de caza cubren los huevos o polluelos con hojas y hierba para protegerlos.

La cigüeña negra

Son animales muy graciosos. Tienen las plumas negras y no blancas como otras cigüeñas. Viven en nidos enormes que se construyen en lugares altos como las torres de las iglesias. Existen muy pocas en el mundo.

5. **Haz un póster sobre un animal en peligro de extinción.**

Escribe su nombre.

¿Dónde vive?
¿Qué come?
¿Cómo es físicamente?

6. Haz una encuesta.
¿Qué podemos hacer para ayudar a estos animales?

Escribir cartas

Recoger firmas

Hacer pósteres

Dar dinero a organizaciones

7. Escucha y responde.

En alto vive,
en alto vuela,
en alto toca
la castañuela.

¿Qué es?

8. Canta con Lila.

Lila: ¿Qué quieres, qué quieres?
Juan: Yo quiero ver un camaleón.
Lila: ¿Qué quieres, qué quieres?
Ana: Yo quiero ver un gran tiburón.
Lila: ¿Qué quieres, qué quieres?
Superdrago: Yo quiero ver un superdragón.
Juan y Ana: ¿Qué dices, qué dices?
Si tú eres el supergrandragón.

9. Mira y escucha.

Necesito / Quiero

10. Escucha la historia de Superdrago y sus amigos.

En el campo

1. Escucha, lee y señala.

2. **Escucha y repite.**

Río

Nubes

Cascada

Rocas

Bosque

Lago

Árbol

3. **Ayuda a Superdrago a organizar el campamento.**

- ☐ montar la tienda de campaña
- ☐ poner las mochilas en alto
- ☐ preparar la comida
- ☐ limpiar la zona
- ☐ hacer el fuego
- ☐ limpiar los platos
- ☐ buscar agua
- ☐ recoger leña

4. Juega.

EL JUEGO DE LA CUEVA
(20P)
SALIDA
META
1
2
3
4
5
6
7
8
9
10
11
12
13
14
15
16
17
18
19
20
21
22
23
24
25
LINTERNA (5P)
BOTAS (4P)
WALKIE-TALKIE (2P)
CASCO (5P)
MOCHILA (5P)
CUERDA (3P)
CANTIMPLORA (5P)
MAPA (5P)
CUADERNO DE CAMPO (3P)
CÁMARA DE FOTOS (3P)
FRUTA (5P)
MURCIÉLAGO (0P)

5. Mira y responde.
¿Qué están haciendo?

6. Canta con Lila.

Aquí en las montañas,
las nubes en el cielo.
El río está cantando
una canción del campo.

Dormimos esta noche
delante del fuego.
La noche está cantando
una canción del campo.

Montaña, río, nube, cielo,
piedra, bosque, árbol, lago.

Jugamos entre árboles,
nadamos en el río.
Los pájaros están cantando
una canción del campo.

7. Escucha y señala.
¿Qué están haciendo?

8. Relaciona las frases con las fotografías.

1. Están en la montaña.
2. Están subiendo la montaña.
3. Están en el bosque.
4. Están paseando por el bosque.
5. Están en el campamento.
6. Están preparando el campamento.
7. Están en el río.
8. Están nadando en el río.

9. **Escucha la historia de Superdrago y sus amigos.**

1. Explora la isla.

montañas | playas | bosques

río | leones | un pueblo

- ¿Qué hay en A1?
- Hay montañas en A1.

Haz un comecocos

Material: tijeras.
Instrucciones:

1 Busca la ficha del comecocos en la página 85. Recorta la página por la línea roja.

2 Ahora recorta con cuidado el comecocos.

3 Ahora dobla siguiendo los pasos 1 a 12.
¡Ya tienes tu comecocos!

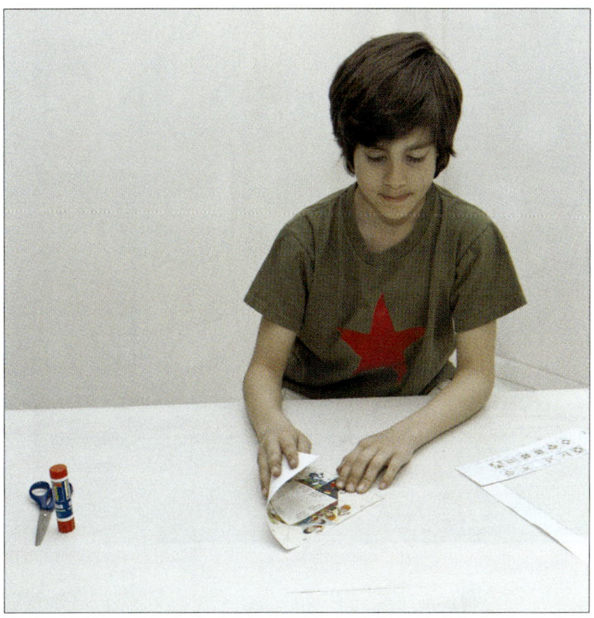

4 Juega con tu compañero al juego del comecocos.

Nuestro planeta

1. **Mira y escucha.**

2. Escucha y señala.
¿Cómo cuidamos del planeta?

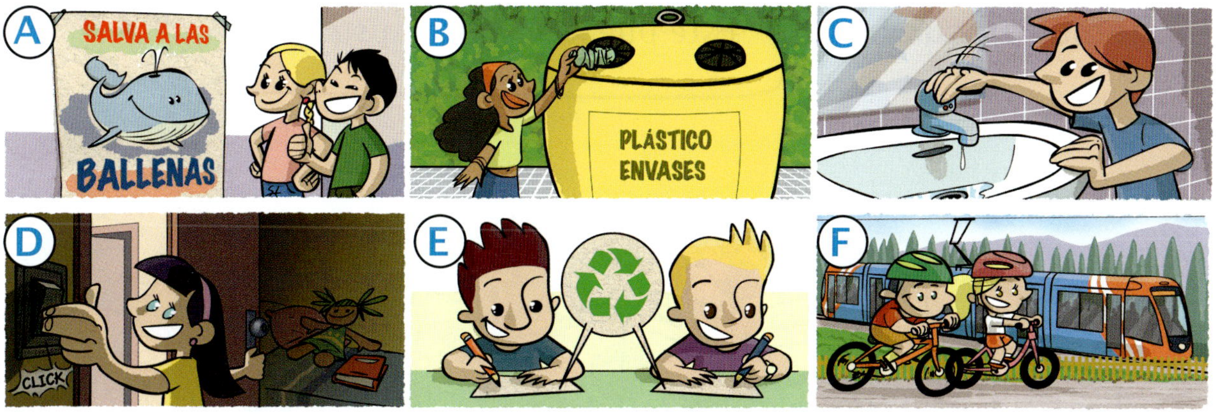

3. Escucha y habla.

4. Escucha y practica.
¿Cómo ayudas al planeta?

5. **Busca las diferencias.**

¡Qué pueblo tan sucio!

Este pueblo está muy sucio.

Pero este pueblo está muy limpio.

¡Qué pueblo tan limpio!

6. Canta con Lila.

Voy, voy, voy
de viaje hoy.
Viajo a Bilbao y a Barcelona.
Viajo a Brasil y a Bolivia.
Viajo, viajo, viajo.
¡Viajo, viajo, voy!

Voy, voy, voy
de viaje hoy.
Viajo en barco y en bicicleta.
Viajo en autobús, en tren y coche.
Viajo a Valencia y a Valladolid.
Viajo a Venezuela.
¡Viajo, viajo, voy!

7. Escucha, mira y responde.

8. Escucha y lee.

En América el coche se llama carro.
En España el carro se llama coche.
En Cuba y Puerto Rico el cacahuete se llama maní.
En España y México el maní se llama cacahuete.

9. Lee y escucha a Carlos.

Me ducho a las ocho en punto.

Me peino a las ocho y cuarto.

Desayuno a las ocho y media.

Me pongo la mochila a las nueve menos cuarto.

10. Mira el reloj.

11. Escucha la historia.

El espacio

1. Mira y escucha.

2. Ayuda al hermano de Superdrago en su misión espacial.

3. Escucha y señala. Voy a ser...

4. Escucha y practica.
¿Qué vas a ser? Haz una encuesta en clase.

5. Escucha y habla.

Celia y Celeste miran al cielo
y cien estrellas centellantes
miran a Celia y a Celeste,
que miran con ceremonia al cielo estrellado.

6. Cuenta, salta y canta con Lila.

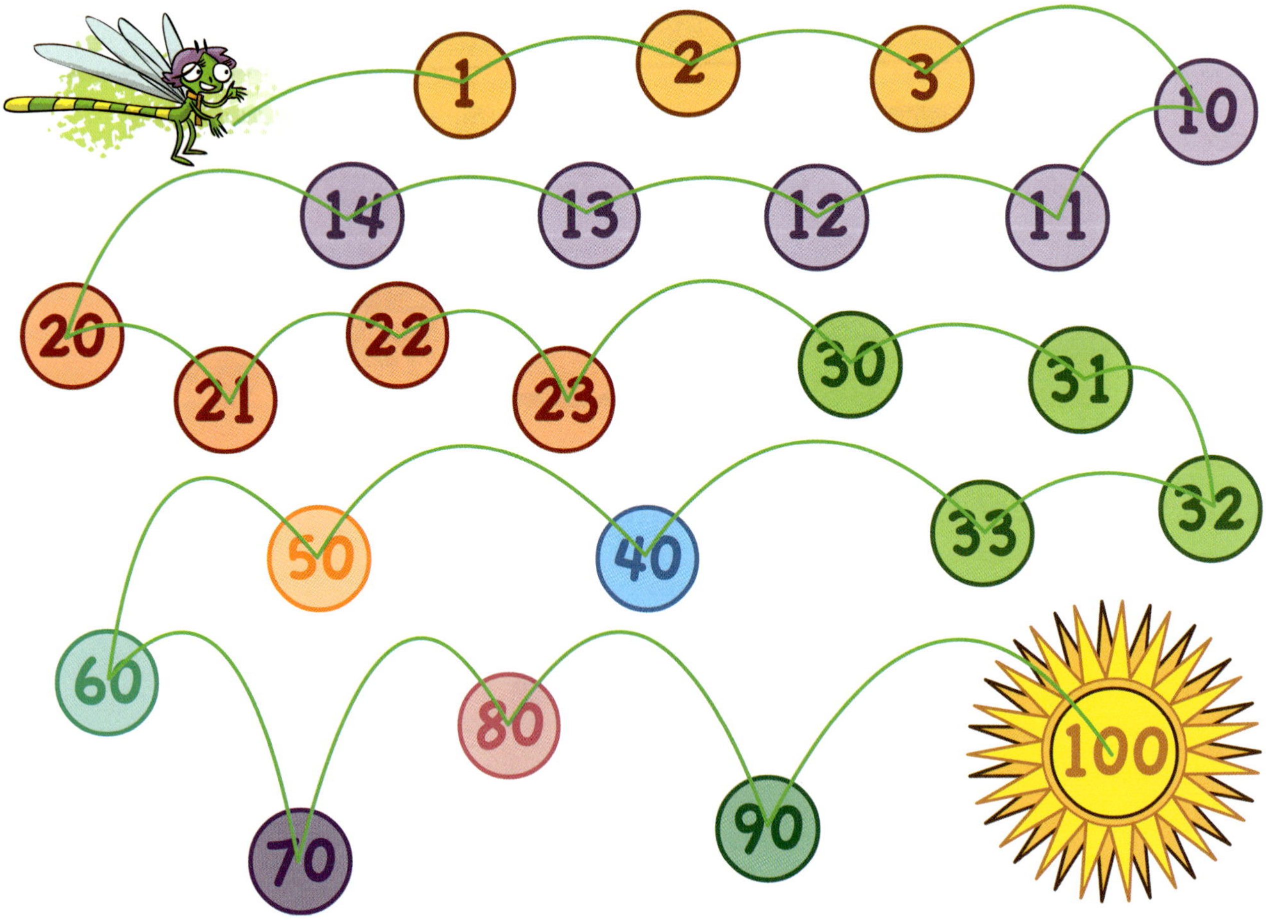

7. **Escucha y lee.**
Los planetas.

El planeta **Mercurio** necesita solo 88 días para dar una vuelta alrededor del Sol. Un día en Mercurio es igual a 59 días en la Tierra.

El planeta **Venus** está completamente cubierto de nubes tóxicas. No hay vida en Venus porque hace muchísimo calor. En Venus, el Sol sale por el oeste y se pone por el este. Un día en Venus es igual a un año en la Tierra.

El planeta **Marte** parece rojo por el color de su tierra. Los hombres quieren viajar a Marte en el futuro. Tiene dos pequeñas lunas.

El planeta **Júpiter** es el planeta más grande de nuestro sistema solar. Es más grande que todos los otros planetas juntos. Tiene una enorme «mancha». La «mancha» es una tormenta enorme.

El planeta **Saturno** es muy grande y tiene anillos. Los científicos creen que los anillos están hechos de hielo. Algunos trozos son tan grandes como una casa.

Los otros planetas son **Tierra** , **Urano** 

y **Neptuno**. 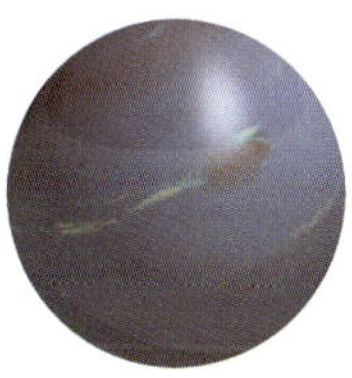

8. **Escribe.**

9. Aventura en el espacio.

1. Estás en tu nave espacial. Se enciende el botón de emergencia. ¿Qué haces? →

Miro por la ventana. Vete al número 6.	Sigo con mi trabajo. No tiene importancia. Vete al número 7.

2. En la nave, los alienígenas te enseñan cosas fantásticas. Te regalan muchos nuevos inventos para mejorar la Tierra. Luego te devuelven a tu planeta. ¡Eres un héroe! ¡Enhorabuena! →

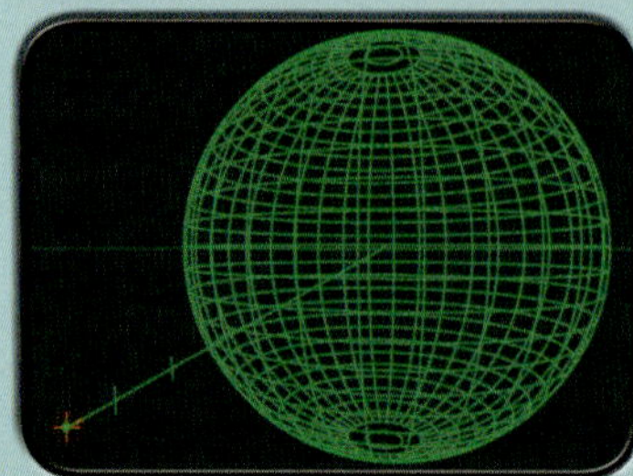

3. El rayo láser no te alcanza. Tienes poco tiempo. ¿Qué haces? →

Ataco otra vez. No me van a ganar. Vete al número 8.	Intento comunicarme con la nave alienígena. No quiero pelear. Vete al número 5.

4. Consigues llegar a salvo a la Tierra pero tu misión es un fracaso. Mejor suerte la próxima vez. →

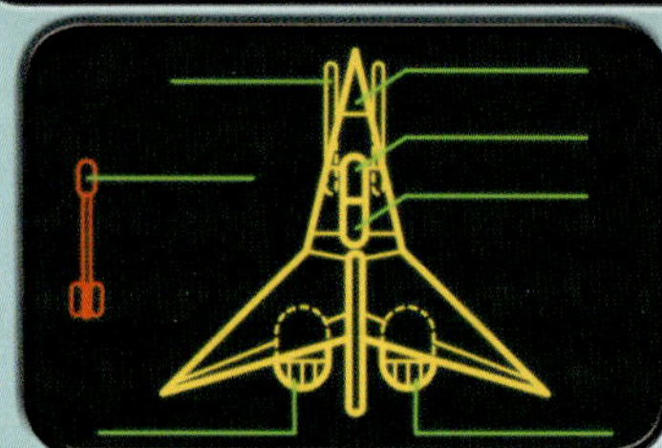

5. Mandas un mensaje a la nave alienígena. Ellos responden. Son pacíficos y quieren ser amigos. Te invitan a su nave. ¿Qué haces? →

Voy a la nave. No tengo miedo. Vete al número 2.	No voy a la nave. Es una trampa. Vete al número 4.

6. ¡Es una nave espacial alienígena! ¡Parece que te van a atacar! ¿Qué haces? →

Ataco primero lanzando un rayo láser. Vete al número 8.	Espero para ver qué pasa. Vete al número 7.

7. Una luz sale de la nave. ¡Te están atacando! ¿Qué haces? →

Intento escapar con mi nave. Vete al número 3.	Ataco con un rayo láser. Vete al número 8.

8. No lo consigues, la nave alienígena lanza un rayo láser. Tu nave espacial se estrella. ¿Qué haces? →

Escapo en mi nave salvavidas. Vete al número 5.	Intento salvar mi nave. Vete al número 4.

10. Escucha la historia.

1. Relaciona.

1. Este monstruo ahorra energía.
2. Este monstruo no ahorra agua.
3. Este monstruo viaja en bicicleta.
4. Este monstruo no ahorra energía.
5. Este monstruo no viaja en bicicleta.
6. Este monstruo ahorra agua.
7. Este monstruo recicla papel.
8. Este monstruo no recicla papel.

2. Bitácora de un astronauta.

Haz una rueda de las estrellas

Material: tijeras, un lápiz, una goma y colores.
Instrucciones:

1 Busca la ficha de la rueda de las estrellas en la página 87. Recorta la página por la línea roja.

2 Decora con colores la rueda. Colorea cada triángulo de un color: rojo, verde, azul, amarillo, naranja y violeta. Recorta con cuidado la rueda.

3 Pincha el agujero del centro con el lápiz y pincha la goma en la punta del lápiz.

4 Juega con la rueda de las estrellas.

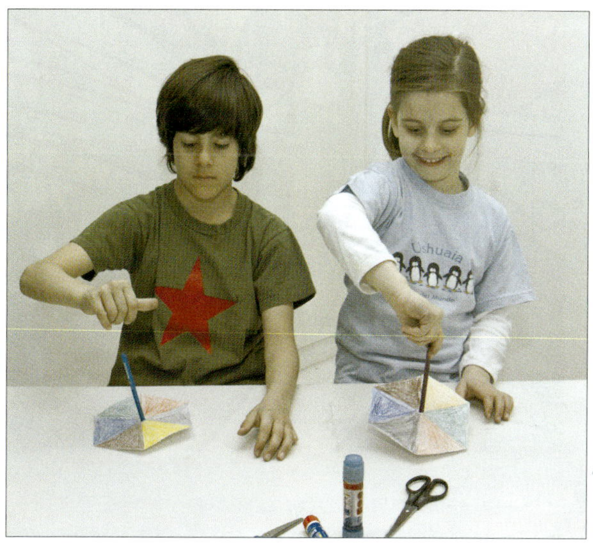

Al pasado

1. Mira y escucha.

2. Escucha y relaciona. ¿Qué hice ayer?

(A) 

(B) 

(C) 

(D) 

(E) 

(F) 

1. Ayer me levanté a las 9:00.
2. Fui a la casa de Carlos para jugar una partida de parchís.
3. Después, jugué en el parque con Lila hasta la hora de comer.
4. Comí en la casa de mis abuelos una comida riquísima.
5. En la tele vi una película de acción muy buena.
6. Me acosté a las 10:00.

Ayer...

Fui	**Jugué**
a la casa de mis abuelos al colegio al cine al parque a mi clase de español	al baloncesto en el parque al fútbol con mi ordenador con mis amigos
Vi	**Comí**
mi programa preferido en la televisión una película de DVD	un bocadillo con mi familia en el colegio

3. Escucha y practica. ¿Qué hiciste ayer?

Clara, ¿qué hiciste ayer?

Ayer fui a la casa de mi amiga.

4. ¿Dónde estuvo?

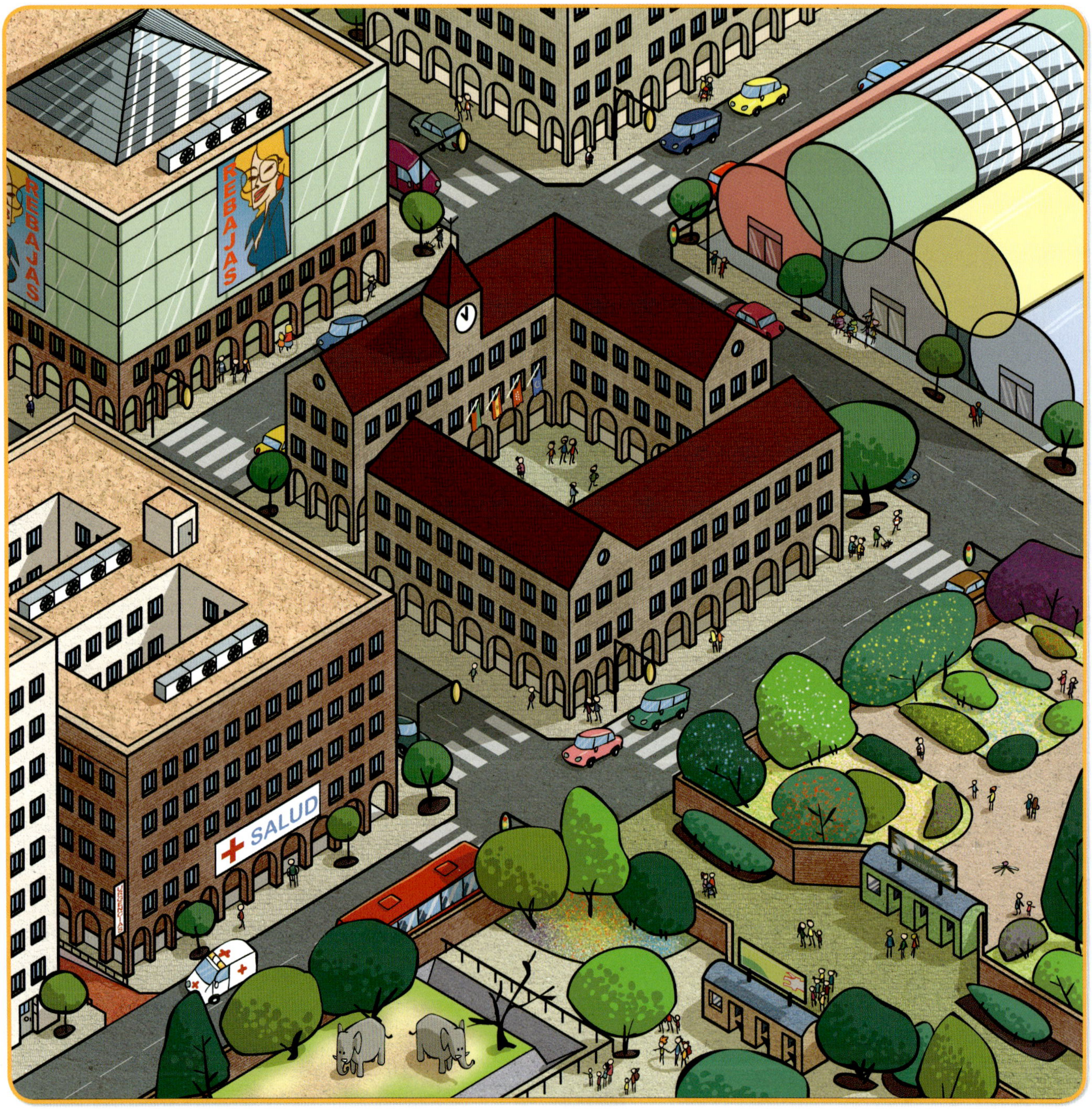

1 El zoo
2 La plaza mayor
3 El jardín botánico
4 El estadio
5 El centro comercial

5. ¿Qué pasó ayer?

6. Relaciona las frases.

¿Qué pasó ayer?	¿Qué pasa hoy?
1. Carlos no hizo su trabajo.	a. Se queda sin batería.
2. Ana no limpió su habitación.	b. No tiene su trabajo para la clase.
3. Juan no apagó su móvil.	c. No tiene comida.
4. El tío Miguel no hizo la compra.	d. Se enfada su madre.

7. Escucha y canta.

En un río metí los pies
y supongo que hacia el mar
mis zapatos se llevó
corriente abajo
y algún tiempo después
te los vi puestos a ti,
amiga personal
de la montaña.

(La Romántica Banda Local)

8. Juega.

estoy		me peino		comes	fui
	me miro	veo			quiero
vi		me levanto		me acosté	
comí	ves		tengo		hacemos
		jugué	hice		
	soy		somos		

9. Escucha la historia.

1. Observa y rodea el verbo.

1. ¿Qué hiciste ayer?

   Ayer { fui / comí } al colegio por la mañana.

2. ¿Qué comiste para cenar?

   { Jugué / Comí } pescado para cenar.

3. ¿Qué hizo Superdrago el sábado?

   { Vio / Estudió } una película de ciencia ficción.

4. ¿De qué se vistieron Mo y Flo?

   Mo y Flo se { cocinaron / vistieron } de fantasmas.

5. ¿Qué hizo Lila en verano?

   Lila { hizo surf / saltó } en el mar.

2. Escribe sobre ti mismo.

1. ¿Qué hiciste ayer?

   ____

2. ¿Qué comiste para cenar anoche?

   ____

3. ¿Qué hiciste el sábado pasado?

   ____

4. ¿De qué te vestiste en carnaval?

   ____

5. ¿Qué hiciste el verano pasado?

   ____

3. Observa y escribe.

1. El monstruo rojo está comiendo pizza.

2.

3.

4.

5.

6.

7.

8.

9.

diccionario

Los colores

Rojo Azul Amarillo Verde Violeta Naranja Blanco Negro Marrón Gris

Los números

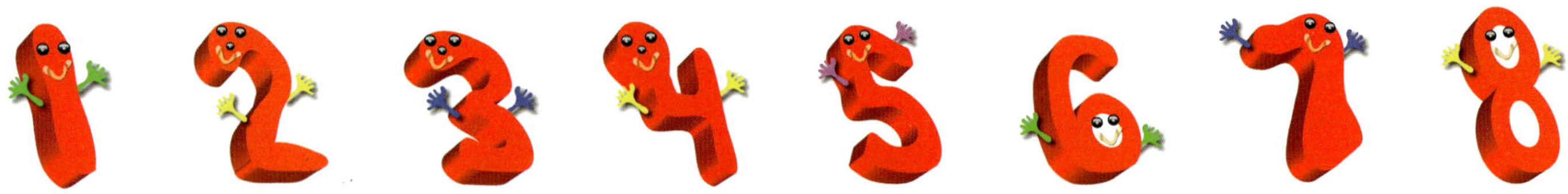

Uno Dos Tres Cuatro Cinco Seis Siete Ocho

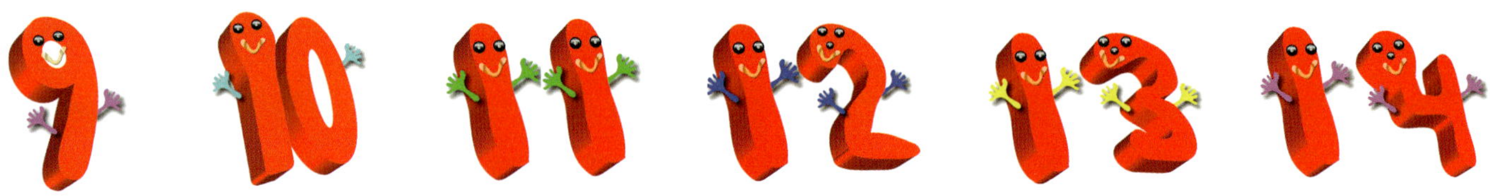

Nueve Diez Once Doce Trece Catorce

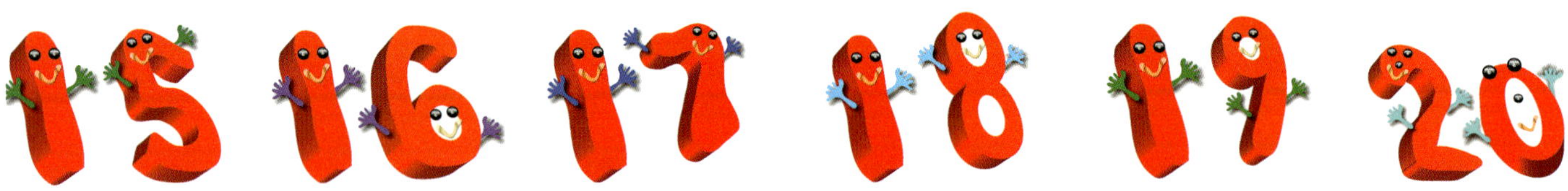

Quince Dieciséis Diecisiete Dieciocho Diecinueve Veinte

Treinta Cuarenta Cincuenta Sesenta

Setenta Ochenta Noventa Cien

La clase

Estuche

Sacapuntas

Mochila

Libro

Cuaderno

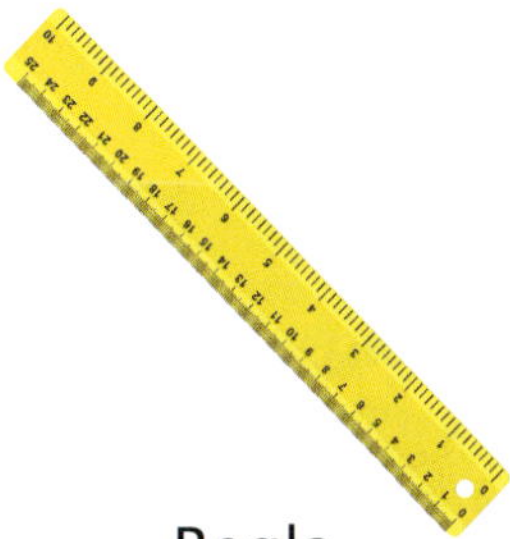
Regla

Pizarra

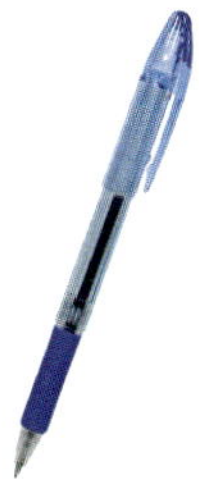
Bolígrafo

Goma

Lápiz

Los juguetes

Bicicleta

Raqueta

Muñeca

Tren

Balón

Coche

Camión

Pelota

Dinosaurio

Avión

La casa

Salón

Dormitorio

Cocina

Cuarto de baño

Comedor

Mesa

Silla

Sofá

Cama

Armario

Lugares

Casa

Colegio

Hotel

Hospital

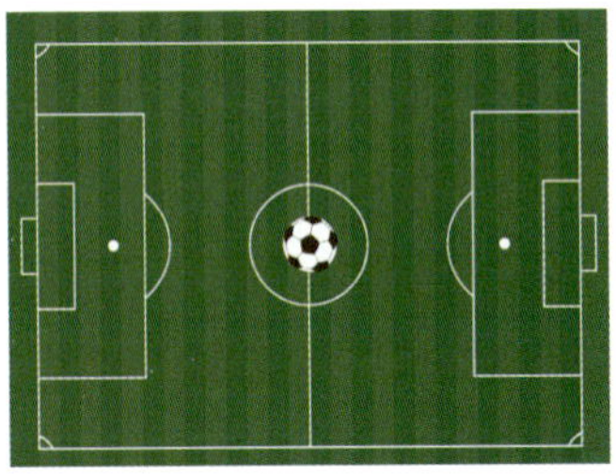
Campo de fútbol

Estadio de fútbol

Parque

Zoo

Actividades

Tocar el piano

Cantar

Tocar la guitarra

Jugar al fútbol

Jugar al ajedrez

Nadar

Leer

Bailar

Montar en bicicleta

Montar a caballo

Reciclar

Viajar

Limpiar

Caminar

Las estaciones

Otoño | Invierno | Primavera | Verano

Los meses del año

Enero

L	M	X	J	V	S	D
				1	2	3
4	5	6	7	8	9	10
11	12	13	14	15	16	17
18	19	20	21	22	23	24
25	26	27	28	29	30	31

Febrero

L	M	X	J	V	S	D
1	2	3	4	5	6	7
8	9	10	11	12	13	14
15	16	17	18	19	20	21
22	23	24	25	26	27	28

Marzo

L	M	X	J	V	S	D
1	2	3	4	5	6	7
8	9	10	11	12	13	14
15	16	17	18	19	20	21
22	23	24	25	26	27	28
29	30	31				

Abril

L	M	X	J	V	S	D
			1	2	3	4
5	6	7	8	9	10	11
12	13	14	15	16	17	18
19	20	21	22	23	24	25
26	27	28	29	30		

Mayo

L	M	X	J	V	S	D
					1	2
3	4	5	6	7	8	9
10	11	12	13	14	15	16
17	18	19	20	21	22	23
24/31	25	26	27	28	29	30

Junio

L	M	X	J	V	S	D
	1	2	3	4	5	6
7	8	9	10	11	12	13
14	15	16	17	18	19	20
21	22	23	24	25	26	27
28	29	30				

Julio

L	M	X	J	V	S	D
			1	2	3	4
5	6	7	8	9	10	11
12	13	14	15	16	17	18
19	20	21	22	23	24	25
26	27	28	29	30	31	

Agosto

L	M	X	J	V	S	D
						1
2	3	4	5	6	7	8
9	10	11	12	13	14	15
16	17	18	19	20	21	22
23/30	24/31	25	26	27	28	29

Septiembre

L	M	X	J	V	S	D
		1	2	3	4	5
6	7	8	9	10	11	12
13	14	15	16	17	18	19
20	21	22	23	24	25	26
27	28	29	30			

Octubre

L	M	X	J	V	S	D
				1	2	3
4	5	6	7	8	9	10
11	12	13	14	15	16	17
18	19	20	21	22	23	24
25	26	27	28	29	30	31

Noviembre

L	M	X	J	V	S	D
1	2	3	4	5	6	7
8	9	10	11	12	13	14
15	16	17	18	19	20	21
22	23	24	25	26	27	28
29	30					

Diciembre

L	M	X	J	V	S	D
		1	2	3	4	5
6	7	8	9	10	11	12
13	14	15	16	17	18	19
20	21	22	23	24	25	26
27	28	29	30	31		

Los días de la semana

Febrero 2010

L	M	X	J	V	S	D
1	2	3	4	5	6	7
8	9	10	11	12	13	14
15	16	17	18	19	20	21
22	23	24	25	26	27	28

1

Lunes

Febrero 2010

L	M	X	J	V	S	D
1	2	3	4	5	6	7
8	9	10	11	12	13	14
15	16	17	18	19	20	21
22	23	24	25	26	27	28

2

Martes

Febrero 2010

L	M	X	J	V	S	D
1	2	3	4	5	6	7
8	9	10	11	12	13	14
15	16	17	18	19	20	21
22	23	24	25	26	27	28

3

Miércoles

Febrero 2010

L	M	X	J	V	S	D
1	2	3	4	5	6	7
8	9	10	11	12	13	14
15	16	17	18	19	20	21
22	23	24	25	26	27	28

4

Jueves

Febrero 2010

L	M	X	J	V	S	D
1	2	3	4	5	6	7
8	9	10	11	12	13	14
15	16	17	18	19	20	21
22	23	24	25	26	27	28

5

Viernes

Febrero 2010

L	M	X	J	V	S	D
1	2	3	4	5	6	7
8	9	10	11	12	13	14
15	16	17	18	19	20	21
22	23	24	25	26	27	28

6

Sábado

Febrero 2010

L	M	X	J	V	S	D
1	2	3	4	5	6	7
8	9	10	11	12	13	14
15	16	17	18	19	20	21
22	23	24	25	26	27	28

7

Domingo

La tierra

Bosque

Montaña

Río

Árbol

Cielo

Lago

Cueva

Roca

Cascada

Nube

Mar

Playa

Aventura

Linterna

Cantimplora

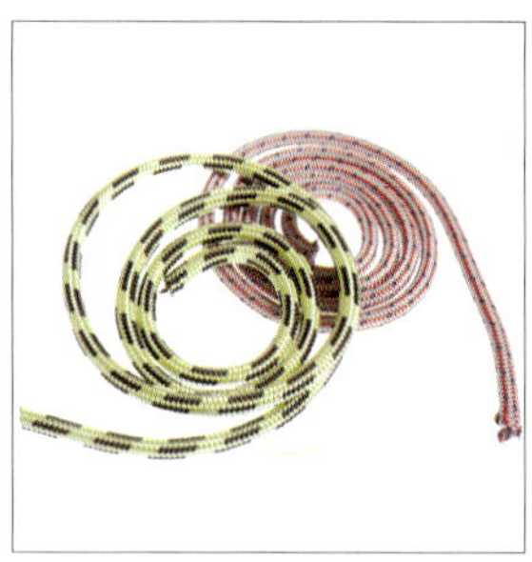
Cuerda

Cuaderno de campo

Cámara

Mapa

Casco

Brújula

Tienda de campaña

Botas de montaña

Los animales

Gorila

Iguana

Mono

Jirafa

Pez

León

Cocodrilo

Elefante

Cebra

Foca

Perro

Gato

Delfín

Tigre

Oso

Pájaro

Serpiente

Hipopótamo

Tortuga

Ratón

Lince ibérico

Águila imperial

Cigüeña

Cigüeña negra

Ballena

Castor

Ardilla

Murciélago

Salamandra

Pato

El espacio

Astronauta

Estrella

Luna

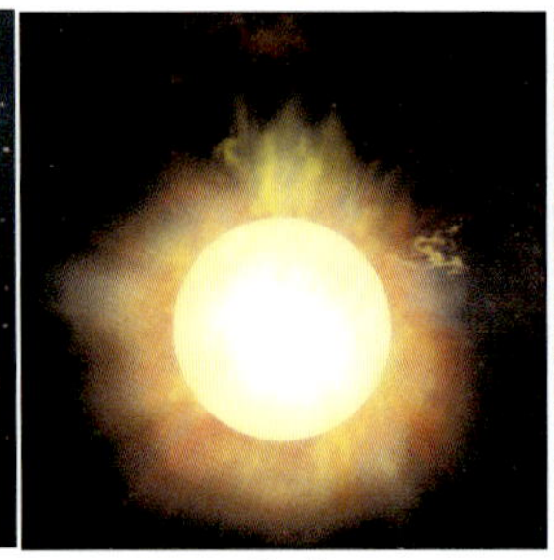
Sol

Cometa

Los planetas

Mercurio

Venus

Tierra

Marte

Júpiter

Saturno

Urano

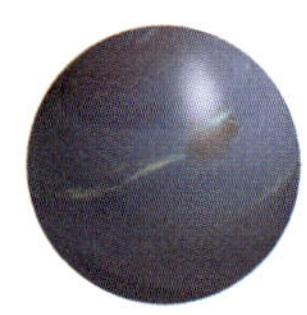
Neptuno

Los medios de transporte

Barco

Avión

Coche

Tren

Bicicleta

Autobús

La ropa

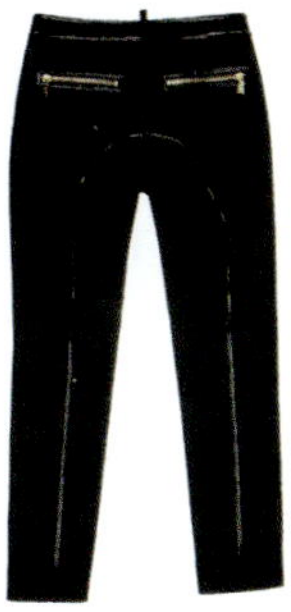
Pantalones

Camisa

Vestido

Falda

Jersey

Abrigo

Chaqueta

Calcetines

Camiseta

Zapatos

Las partes del cuerpo

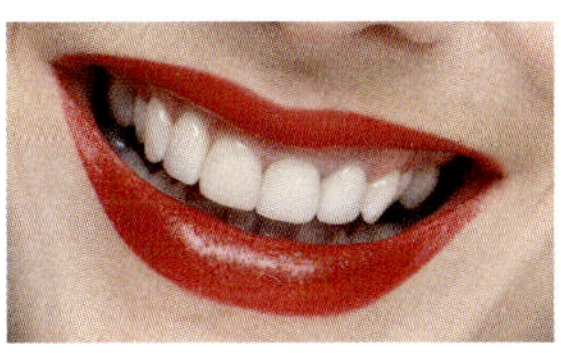
Boca

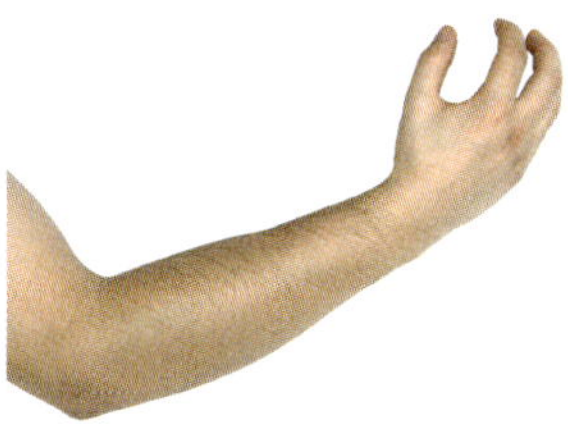
Brazo

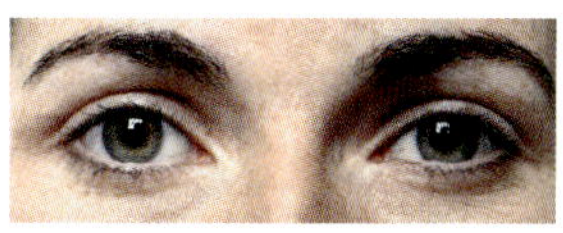
Ojos

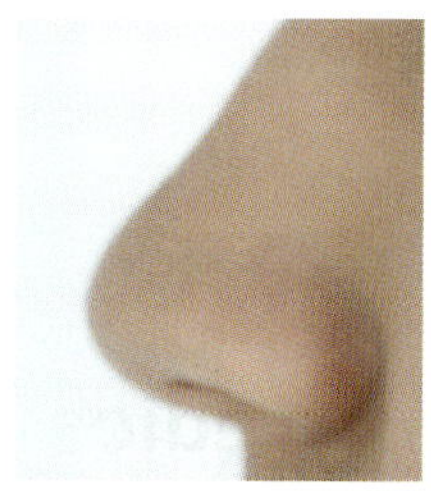
Nariz

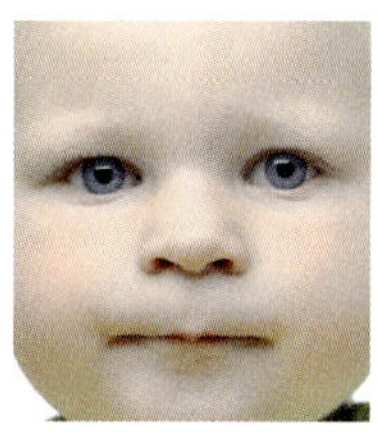
Cara

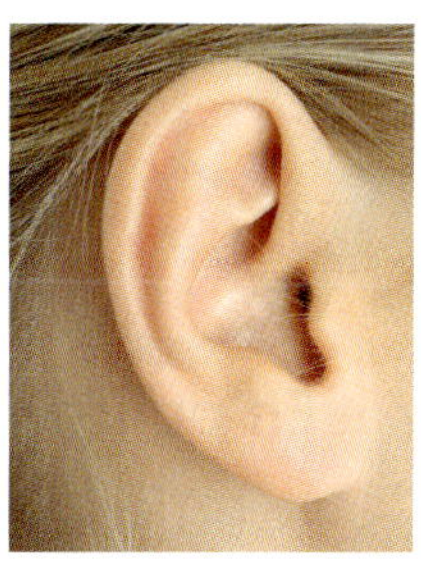
Oreja

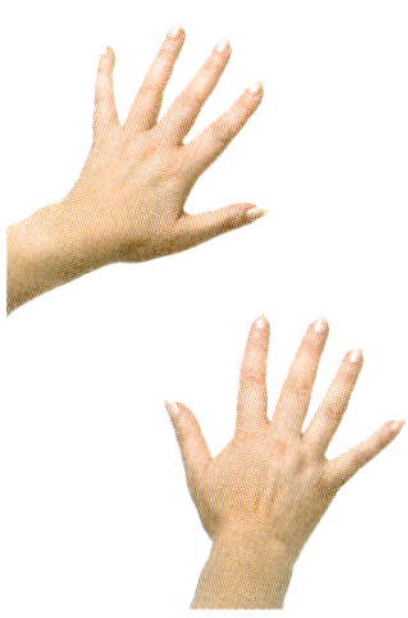
Manos

Piernas

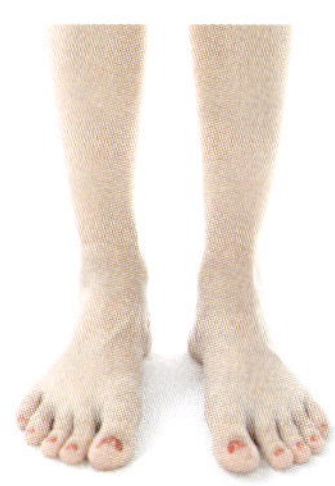
Pies

Cabeza

El mercado

La familia

La hora

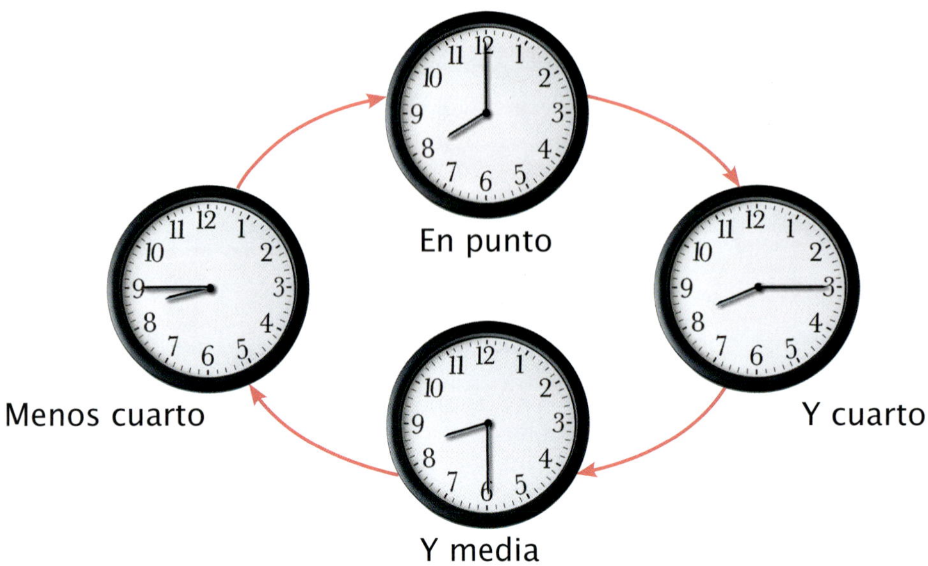

proyectos

Marionetas de dedo

Dobla

Corta

Pega

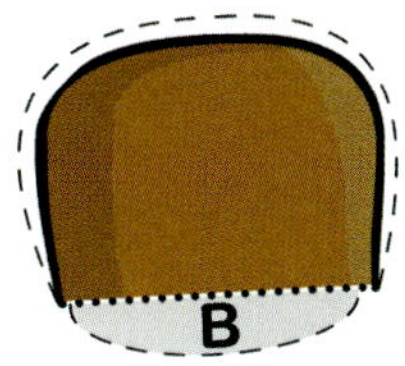

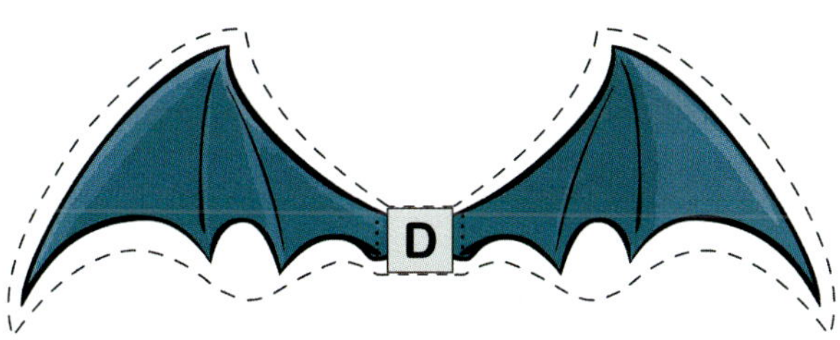

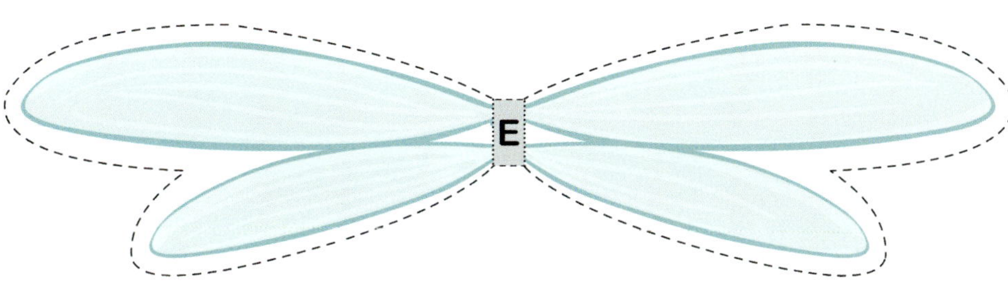

Monstruoscopio

Dobla

Corta

Pega

Comecocos

Dobla ....

Corta ✂ — — — —

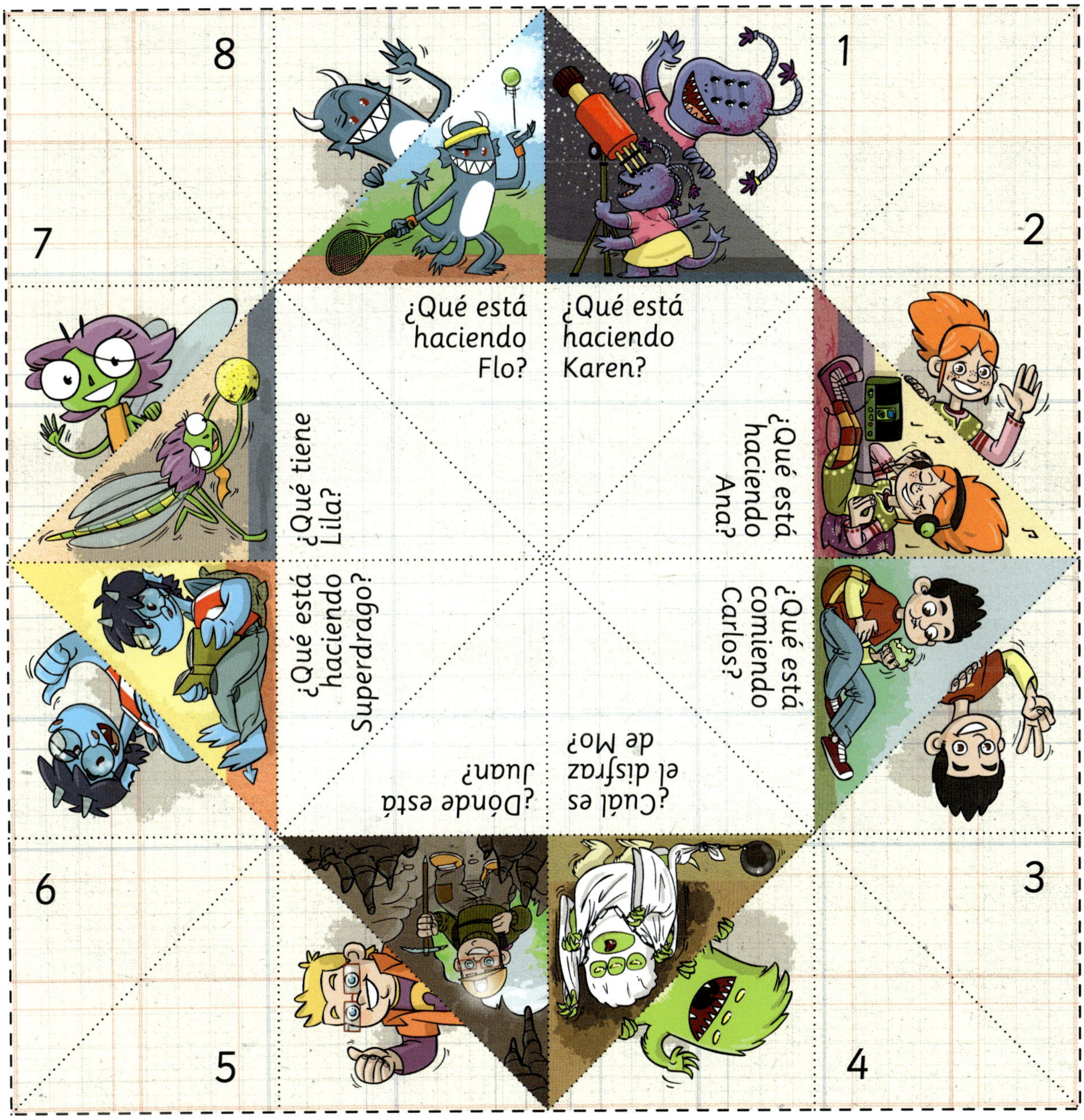

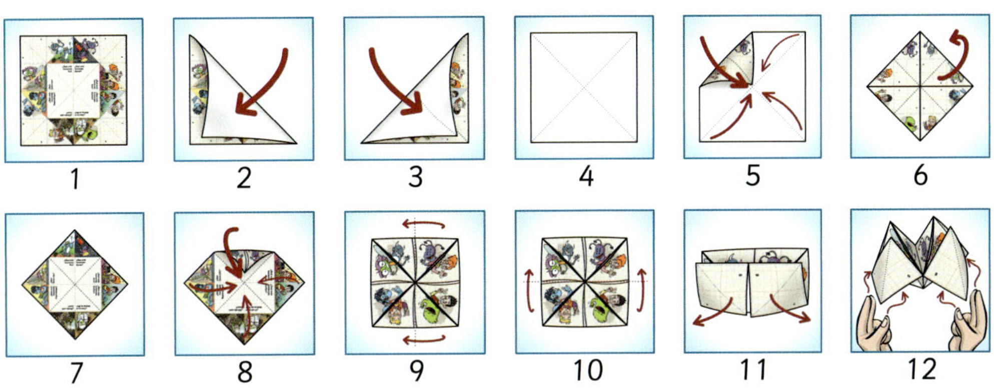

Rueda de las estrellas

Corta

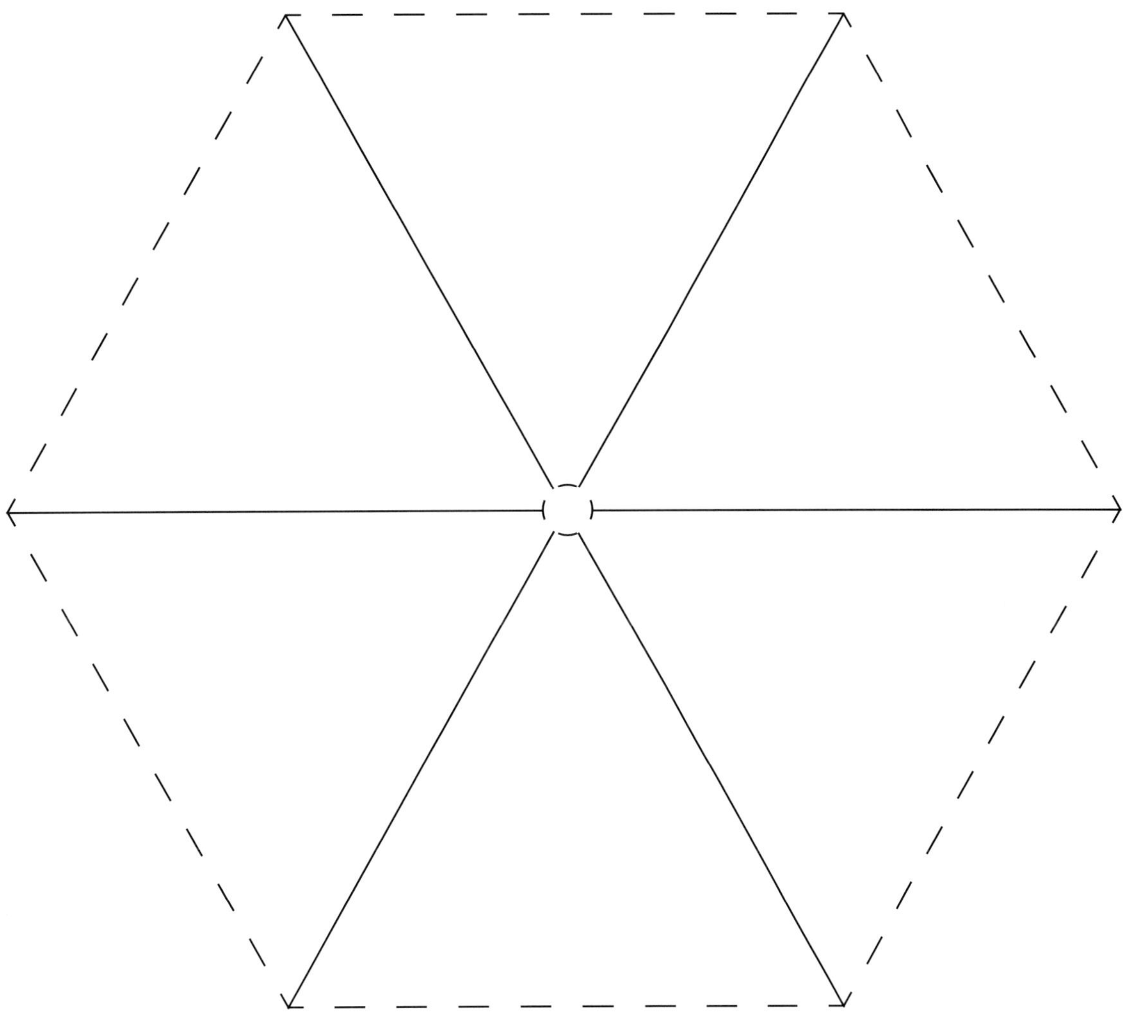

recortables

UNIDAD 6 En el campo

3. Ayuda a Superdrago a organizar el campamento.